काग़ज़ का पंछी और सपनों की नाव

हर लफ़्ज़ से मन की किसी खिड़की पर दस्तक होती है,

हर पन्ने से कोई किवाड़ की साँकल खड़कती है...

राजेश्वरी की कविताएँ हौले से कान मे कुछ कह कर
वापस पन्नों मे छुप जाती हैं.

कागज़ का पंछी और सपनों की नाव

राजेश्वरी विजय पांढरीपांडे

genNEXT Publication

कागज़ का पंछी और सपनों की नाव

ISBN: 978-93-8022-283-7
मूल्यः 180/-
भारत में सन् 2015 में प्रकाशित
जेनेक्स्ट पब्लिकेशन,
5, अंसारी रोड, दरियागंज
नई दिल्ली-110002
फोन :- 9811692060
ई-मेलः-gennext@hotmail.com

मुद्रित :- जी. प्रिंटर्स, दिल्ली

मनोगत

"कागज़ का पंछी और सपनों की नाव" मेरी कविताओं का संकलन है जिसे किताब के रूप में प्रस्तुत करने में मेरा योगदान बहुत कम, औरों का अधिक रहा है। कविता तो बारिश की बूँदें होती हैं जो जब आकाश बादलों से घिर जाए तो अपने आप बरसती हैं। बहुत सहज, अनायास! कविता का सर्जन भी कुछ ऐसा ही रहा है। ज़िंदगी को मैंने एहसासा, हर पल में मैंने अपने आप को उंडेल दिया, उँड़ेलती रही। ज़िंदगी के विविध रंगों को देखा, जाना, पहचाना। कभी पास से, कभी दूर से।

बस, अपना आँचल सदा पसारे रखा। सभी अनुभवों को सच की परछाइयाँ मानकर अपने आँचल में समेटती चली गई। पता ही नहीं चला कब आँचल भर गया और कविता बन सारे एहसास बह निकले। इस पर मेरा कोई वश नहीं था! परन्तु जिन्होंने इन कविताओं को समेटकर, संजोकर, संवारकर किताब में ढाला उनके बिना ये कवितायें मौसमी झरनों की तरह बह जाती, सूख जाती। मैंने कभी अपनी कवितायें एक जगह ठीक से नहीं रखी।

जिस आत्मीयता से जिन्होंने ये कार्य किया, इधर उधर बिखरी हुई कविताओं को इक्ट्ठा कर उन्हें किताब के रूप में संकलित किया उनके आभार मानने के लिए मेरे पास योग्य शब्द नहीं हैं। मैं इतना ही कहूँगी, अपने "धन्यवाद में" अनुगृहीत होने का गहरा एहसास व्यक्त कर रही हूँ।

सर्वप्रथम मेरे पति स्वर्गीय डॉ. विजय पांढरीपांडे एवं एक माने हुए लेखक, कवि और स्नेही श्रीयुक्त राज सुपेजी को (श्री विश्वश्रेयानन्दजी को) और मेरी बहुत प्रिय मित्र, लेखक आलोचक और रसिक प्रोफेसर सुधा उदेशी को मेरे बहुत बहुत धन्यवाद। किताब की प्रेरणा इन्हीं की थी। कविताओं को टंकलिखित करना, उन्हें बार बार पढ़कर गलतियों को सुधारना, उनका मुद्रण, प्रकाशन करना, और फिर, मुखपृष्ठ की कल्पना को साकार करना इत्यादि अनेक गलियों से आप दोनों पता नहीं कितनी बार गुजरे। आप का स्नेह एवं सतत प्रयास ही इन कविताओं को यहां तक लाया हैं। सुपेजी, आपके विश्वास और विवेक की शक्ति के बिना ये कार्य कभी पूरा नहीं हो पाता। सुधा, तुम बरसों से मेरी कवितायें सुनती रहीं मुझे कविता लिखने का प्रोत्साहन देती रही, कभी आलोचना के तो कभी प्रशंसा के साथ।

सुधा उदेशी, शकील अहमद, अंजलि उदेशी, नीरज शर्मा तथा शुभदीप मुखर्जी के प्रयत्न और सहायता का सम्मान करती हूँ। अपने जीवन के कर्तव्यों को संभालते हुए इस किताब के कार्य में जो मदद इन्होंने की है उसके लिए मैं इनकी शुक्रगुज़ार हूँ। मेरे परिवार के सभी अपनो के—ख़ासकर माँ, पिताजी, मोठा बाबू, बड़ी बहन आक्का, छोटे भाई जगदीश, दिलीप इनके आभार कैसे मानूँ? अपने छोटे से जीवन में मैंने इन्ही से शक्ति पाई है। सुख दुख के दिनों में इन्होनें मेरा साथ दिया है। वरना शायद मैं यहाँ तक न पहुँचती।

मेरे स्वर्गीय पति विजय, बच्चे राहुल, परी और उनके बच्चे ध्रुव, नोआ, एलिसा इन्होंने ज़िंदगी को अर्थ दिया, जीवन सार्थक किया।

इनके अलावा कितने जाने अनजाने अपने हैं, शुभचितंक हैं, मेरी सहेलियाँ हैं जिनका स्नेह अनमोल रहा है। उन सबको धन्यवाद!

ये सभी मेरे सारे अनुभवों से जुड़े हुए हैं। ये नहीं होते तो शायद ज़िंदगी एक काग़ज़ का पंछी बनकर रह जाती जिसके पर होते पर जो उड़ नहीं सकता। ज़िंदगी होती पर व एहसास नहीं होते जिन्होंने ज़िंदगी को जान दी हैं, पहचान दी है, कविताओं की गंगा बहाई है। काग़ज़ के पंछी को उड़ान दी है। आज जब मैंने यह किताब देखी तो यह सच फिर से उभर आया। और इन सब के सामने सर झुक गया जैसे गहरे गहरे अपनी ही आवाज़ बोल उठी, ''अनुगृहीताऽस्मि, अनुगृहीताऽस्मि!''

राजेश्वरी पांढरीपांडे

जून 2015

विजय को,

जिन्होंने मेरे काग़ज के पंछी को आसमान

और सपनों की नाव को किनारा दिया!

काग़ज़ का पंछी और सपनों की नाव - कविता संग्रह

झील के पानी पर रोशनी की किरणों की तरह चमकते शब्द–कुछ ऐसी ही हैं राजेश्वरी की कविताएँ. जागती आँखों के रतजगे सपने, पलकों पे लरज़ते कुछ लफ़्ज़, कुछ साँसों से बँधी डोरियाँ... राजेश्वरी की कविताएँ, नज़्में और ग़ज़लें मन के अनछुए कोने को छूकर निकल जाती हैं.

किताबों के पन्नों पर उगे फूल, सुबह की गायत्री, सपनों की उड़ती हुईं तितलियाँ, मेगनोलिया की डाली पर चम्पा के फूल जैसी अनेक अभिव्यक्तियाँ राजेश्वरी की कविताओं से फ़िसलकर मन की दराज़ों में रह जाती हैं.

अलसा कर अँगड़ाई लेती हुई सुबहें, सुस्ताती हुई दोपहरें, चहलकदमी करतीं शामें... लम्हों के साथ पहरों को भी ख़ूब बाँध कर रखा है राजेश्वरी ने.

हर लफ़्ज़ से मन की किसी खिड़की पर दस्तक होती है, हर पन्ने से किसी किवाड़ की साँकल खड़कती है... राजेश्वरी की कविताएँ हौले से कान में कुछ कह कर वापस पन्नों में छुप जाती हैं.

राज सुपे (किंकर विश्वश्रेयानंद)

अनुक्रमणिका

काग़ज़ का पंछी और सपनों की नाव

ग़ज़ल और ज़िंदगी को हम हमेशा अलग रखते रहे,
पहली को लिखते रहे दूसरी को जीते रहे.

दिल किया ग़ज़ल को जिऊँ और ज़िंदगी को लिखूँ.
ग़ज़ल बाज़ार की भीड़ में खो गई ज़िंदगी लफ़्ज़ों में पिरोते रहे.

गुलाब थी, शीरीं थी, नाज़ुक थी मेरी ग़ज़ल,
उसे रेगिस्तान में लाकर जलती देखते रहे.
सपनों के तिनकों से बनी नाव थी मेरी ग़ज़ल,
तूफ़ानी ज़िंदगी में उसे डूबती देखते रहे.

सावन थी, भादों थी, सुबह कभी शाम थी ज़िंदगी,
लफ़्ज़ों के पिंजड़े तोड़ भागती ज़िंदगी को देखते रहे.
ज़िंदगी का कोई क़ाफ़िया न कोई रदीफ़ होता है,
आसमाँ को बोतल में भरने की कोशिश करते रहे.

ज़िंदगी को लिखूँ तो वो बस कहानी में ढल जाती है,
एक बेजान **काग़ज़ का पंछी** बनकर रह जाती है.
पर होने पर भी जो उड़ नहीं सकता ज़मीन से कहीं,
लफ़्ज़ पाकर भी गाती नहीं ज़िंदगी बेज़ुबान रह जाती है.

आज छोड़ आए ग़ज़ल को परियों के देश में,
ज़िंदगी को गले लगाए कभी रोते कभी हँसते रहे.

न जाने क्यों ?

जैसे पढ़ते-पढ़ते किताब के कुछ पन्ने उड़ गए हों,
कहानी ने अचानक एक अजनबी मोड़ ले लिया.

जिस पारिजात की तलाश में निकले थे घर से हम,
आज सुना कि उसे **बेरहम तूफ़ान** ने तोड़ दिया.

तितलियाँ-परिंदे तो आते-जाते ही रहते हैं,
आज हमीं ने उड़कर आसमाँ से रिश्ता जोड़ लिया.

न करो शिकायत कि हम भूल गए वे रास्ते, वे गलियाँ,
सच तो ये है मेरे दोस्त कि हमने अपने आप को छोड़ दिया.

आज कोई याद लेकिन चीरती गई सारी बुलंद दीवारें,
जिस में बंद थे बरसों से हम, उस कफ़न को उधेड़ दिया.

मुश्किल होगी !!!

रास्तों की भीड़ में तुम्हें खो दिया हमने,
झूलों के मौसम में लेकिन मुश्किल होगी.

छाते लेकर चलेंगे, बारिश से बच निकलेंगे,
पागलों के मौसम में लेकिन मुश्किल होगी.

दिमाग़ से काम लेंगे, जुदाई का वजूद मान लेंगे,
दिल वालों के मौसम में लेकिन मुश्किल होगी.

ज़िंदगी ऐसे भी गुज़र ही जाएगी तुम्हारे बिना,
ग़ज़लों के मौसम में लेकिन मुश्किल होगी.

ख़िज़ाँ की आग में जला देंगे हम सारे गुलमोहर,
फूलों के मौसम में लेकिन मुश्किल होगी.

ख़ामोश नदी में डुबो देंगे **नग़्मों की कश्तियाँ**,
बुलबुलों के मौसम में लेकिन मुश्किल होगी.
शबाब, शराब, मदहोशी से बचते रहे अब तक,
भूलों के मौसम में लेकिन मुश्किल होगी !!!

बना लेंगे

न करो लफ़्ज़ों पर ग़ुरूर कि वे शहेंशाह हैं बयान-ए-दिल के,
तुमसे छिपाना हो कुछ तो हम लफ़्ज़ों को नक़ाब बना लेंगे.

हम शायर हैं, कुछ ऐसा एहसान है हम पर ख़ुदा का,
कि तारीक़ी को रोशनी और **क़ातिल को महबूब** बना लेंगे.

न करो ज़ुल्म इतना हम पर, ऐ दुनियावालो !
हम ग़म को ग़ज़ल और दुनिया को ख़ुदा की किताब बना लेंगे.

तुम आए, कुछ पूछा पर पर्दा नहीं उठाया हमारा,
कोई बात नहीं, हम ख़ामोशी को जवाब बना लेंगे.

हमें सोचने पर मत करो मजबूर, मेरे अज़ीज़,
हम दिमाग़ को दिल और दिल को दिमाग़ बना लेंगे !

नहीं होता

सिर्फ़ चार दीवारें होने से घर नहीं होता,
और जब घर होता है तो आपस में दीवारें नहीं होतीं.

सिर्फ़ अँधेरा हुआ इसलिए चाँद नहीं खिलता,
जब चाँद खिलता है तो अँधेरा नहीं होता.

सिर्फ़ वादे से किसी का आना तय नहीं होता,
जब कोई पास होता है, तब कोई वादा नहीं होता.

सिर्फ़ काफ़िये और रदीफ़ से ग़ज़ल नहीं बनती,
गज़ल एहसास होती है उसका क़ाफ़िया-रदीफ़ नहीं होता.

सिर्फ़ लफ़्ज़ और कलम से सच बताया नहीं जाता,
इसका **वजूद** बस होता है, इसे समझाया नहीं जाता.

ज़िंदगी एक इबादत है ख़ुदा तक पहुँचने के लिए,
वरना ज़िंदगी और मौत में कुछ फ़र्क़ नहीं होता.

दिल का गिला !

हर दोस्त कुरेदता गया ज़ख़्मे-दिल का दर्द,
ख़त्म कर दे दिल को अब वह क़ातिल चाहिए.

किनारे तक ले जा कर डुबो गए बारबार कितने माँझी,
जो मझधार को मंज़िल बना दे अब वह साहिल चाहिए.

ऐ साक़ी ! एक प्याला क्या मिटाएगा–यह ज़िंदगी भर का दर्द,
ज़िंदगी से **ग़ाफ़िल** कर दे अब वो महफ़िल चाहिए.

कब तक जिलाते रहें इस काँच की गुड़िया को हम,
तोड़ दे इसे बेदिली से अब वो संगदिल चाहिए.

अब नहीं माँगेंगे दुआ तुमसे कि बचा लो मुझे ऐ ख़ुदा !
बुज़दिल ही सही, दुआ के लिए कोई तो दिल चाहिए !

चलते-चलते

कई और रेगिस्तान तुम्हें ले जाएगी ज़िंदगी,
एक भीगी याद हमेशा अपने साथ रखना.

हज़ारों इंतज़ार अपने भेज रही हूँ ,याद आए तो,
इनकी उंगली पकड़कर वापस आ जाना.

पता नहीं कब कूच करना पड़े इस गली से हमें,
वहाँ कुछ ग़ज़लें छोड़ रखी हैं, उनसे पता पूछ लेना.

सूरज डूबेंगे, उभरेंगे, बादे-सबा आकर चली जाएगी,
जो बरसते-बरसते रह गई, उस बारिश में एक बार भीग जाना.

जीते जी अपनी ज़िंदगी से कुछ लम्हे बचाकर रख लेना,
उन्हें उसी आसमान तले मेरी तरह जी लेना.

तुम्हें ढूँढ़ने के **जुनून** में अपने आप को खो दिया मैंने,
कभी फ़ुरसत मिले तो अपने लिए मुझे ढूँढ़ लेना.

बात न कर

बस खिलने को है ये **मासूम कली**, अब मुरझाने की बात न कर,
किनारे पहुँचने को है कश्ती, अब डूब जाने की बात न कर.

अब चोटी पर हैं खड़े हम, आसमान छूने को हैं हज़ार उमंगें,
मेरे मेहरबान ! अब फ़िसलने की, गिरने की बात न कर.

बड़ी मुद्दत के बाद दिल को मनाकर लाए हैं तुम्हारे पास,
इस साँझ की सियाही में फिर से लौट जाने की बात न कर.

फिर जीने की तमन्ना जगी है, जिया बेक़रार है, इंतज़ार है,
ज़िंदगी में जुनून है, मेरे अज़ीज़ ! आज जनाज़े की बात न कर.

मजबूर

न ख़याल अपना, न लफ़्ज़ अपने न सुनने वाला अपना,
ग़ज़ल कोई लिखवाता है, शायर कोई और कहलाता है.

हम क्या लिखें क्या सोचें इस पर कोई क़ाबू नहीं, मेरे अज़ीज़,
जिसे हम ख़ुदा का बंदा मानते हैं, वो **पागल** कहलाता है.

शहर की तलाश में निकले थे कि कहीं तो मन बहल जाए,
पहुँचे तो लोगों ने कहा ये बियाबाँ है, रेगिस्तान कहलाता है.

मिट्टी से क्या कहते हो कि ऐसा घर बनाओ, वैसी गागर बनाओ,
घर बनाने वाला कारीगर, गागर बनाने वाला कुम्हार कहलाता है.

उस बुत-तराश से अरज करेंगे कि आपकी फ़रमाइश मान ले,
हमारे दिलो-दिमाग़, उँगलियों में वो कहाँ जो फ़न कहलाता है.

ग़ज़लों के बुत बनाते हैं, नुमाइश करते हैं किसी और की ख़्वाहिश की,
हम उसके बंदे हैं, ग़ुलाम हैं उसके जो ख़ुदा कहलाता है.

पूछना कैसा ?

जिसे पाया ही नहीं उसे खोना कैसा ?
जो आया ही नहीं उसका जाना कैसा ?

जीने पर मजबूर न करे वो बहाना कैसा ?
जो खिला ही नहीं उसका **मुरझाना** कैसा ?

जो हुआ ही नहीं उसका बीतना कैसा ?
जो याद ही न आए उसे भूलना कैसा ?

जिसने रुलाया नहीं वो चाहना कैसा ?
जो रूठा ही नहीं उसको मनाना कैसा ?

जो किनारे बैठा रहा उसका डूबना कैसा ?
सिर झुकाया, दुआ माँगी जवाब के लिए,

कोई आवाज़ टहला गई सवालों को,
"सवाल ही जवाब हो तब पूछना कैसा ?"

वो क्या था ?

मैख़ाना था, पैमाना था, शराब का बहाना था,
जिसने हमें बेहोश किया वो तो तुम्हारा शबाब था.

हम तूफ़ान थे, सारे समंदर उछाले, किनारे तोड़ डाले,
जिसने हमें रोक दिया वो तुम्हारा नक़ाब था.

हर मुश्किल पलकों पर झेली, ख़्वाब को छूने न दिया,
आज हमें रुला गया वो तुम्हारा जवाब था.

कैसा पत्थर था ? लोगों ने पूछा, जिसने तुम्हें लहूलुहान किया ?
पत्थर को बदनाम न करो, वह तो एक **गुलाब** था.

कितने अरसे बीते, कब मिले, क्या कहा क्या नहीं कहा ?
बस इतना याद है, जो खोया, पाया, वह बेहिसाब था.

न ज़मीं थी, न आसमाँ था, कुछ ऐसा अजीब माहौल था,
याद नहीं वो तुम थीं, आफ़ताब था या माहताब था.

ख़ुद और ख़ुदा

जाने-अनजाने किसी को चोट पहुँचाई हमने,
तो उनके अश्क़ों को ख़ुदा की शिकायत मानते हैं.

इस बेक़ुसूर को दुनिया चाहे जितनी सज़ा दे दे,
हम तो सिर्फ़ ख़ुदा की मेहर, अदालत मानते हैं.

कोई हमें दावत दे न दे महफ़िल में शामिल न करे,
तुम्हारा साथ मिला, इसे ख़ुदा की दावत मानते हैं.

जो चाहते हैं उसे पाकर ख़ुश होनेवाले आम होते हैं,
हम ख़ास हैं जो पाते हैं उसे ही **चाहत** मानते हैं.

डूबते आफ़ताब को भी जो लफ़्ज़ों में, बाँध बचा लेती है,
उस ग़ज़ल को हम ख़ुदा की नज़ाक़त मानते हैं.

लो, क़फ़स में अँधेरा छाया, मौत के आसार नज़र आने लगे,
सोग़ न कर मेरे दोस्त, हम इसे ख़ुदा की मुहब्बत मानते हैं.

ख़ुद निछावर हो गए हम अपनी ही बंदगी पर,
ख़ुद ही को ख़ुदा की सौग़ात मानते हैं.

जाने के बाद

वसीयत में आधी ज़िंदगी रखी है तुम्हारे नाम,
इसे कभी मेरी, कभी अपनी तरह सँवार लेना.

वो शर्मिला लम्हा तराशा था कि वक़्ते-रुख़सत आ गया,
ग़ज़ल आधी रह गई उसे तुम पूरी कर लेना.

कभी मन करे यादों की दुल्हन को सजाने का,
चाँद से चाँदनी, सूरज से सोना उधार ले लेना.

एक बार फिर गुज़रना उस भीगी गली से,
मेरा न सही, उसका ऐतबार कर लेना.

अब नहीं आएँगे हम ये तो तुम्हें भी पता है,
फिर भी सावन में हमारा **इंतज़ार** कर लेना.

हम पूछते रह गए, तुम हमेशा चुप रहे,
एक बार रिमझिम देखकर इक़रार कर लेना.

सुना है रूह भी रुक जाती है जुनूँ की आवाज़ से,
कफ़न उठाकर एक बार मेरा नाम पुकार लेना.

जीना नहीं आता

हम वो हैं जिन्हें दिल को समझाना नहीं आता,
जिसके सहारे जी लें वो बहाना नहीं आता.
बेग़ाने गम को दूर करने की कोशिश में,
मैख़ाने चल पड़ते हैं पर पीना नहीं आता.

कितनी पहचानें आँगन में मँडराती हैं,
हमें अब दरवाज़ा खोलना नहीं आता.
हम **जून के बादल** हैं, हमको,
नवम्बर में बरसना नहीं आता.

तुम नहीं तो बैरन ज़ुबाँ चुप है,
चाहकर भी उसे कुछ कहना नहीं आता.
दुल्हन-सी सिमट कर बैठी है ज़िंदगी,
तुम नहीं तो उसे शर्माना नहीं आता.

हम भी चले गए तुम्हारे साथ,
ख़ुद को वापस बुलाना नहीं आता.
सच तो ये है, अब तुम्हारे बिना,
हमें तन्हा जीना नहीं आता.

मनाही

किनारों को डुबो कर बह चले हम
मेरे अज़ीज़, आज **साहिल** की बात न कर.

इन गीली गलियों में गंध है टूटे सपनों की,
मेरे अज़ीज़, आज मंज़िल की बात न कर.

अपनी ही मौत का मातम मना आए हम,
मेरे अज़ीज़, अब ज़िंदगी की बात न कर.

रोक लिया !

दीवाना दिल सँभाले न सँभला मैख़ाने जा पहुँचा,
तुम्हें फ़ख़्र है कि तुमने हमें पीने से रोक लिया.

बड़ी मुद्दत के बाद होने को थी किसी से पहचान,
इस **पर्दानशीं** को तुमने पर्दा उठाने से रोक लिया.

इस रेगिस्तान में फिर से तूफ़ान आने को था,
ऐ दोस्त, तुमने सैलाब को आने से रोक लिया.

हमारी दीवानगी तुम्हें मंज़ूर नहीं थी कभी,
उससे बचाते-बचाते तुमने हमें जीने से रोक लिया.

तारीफ़ ग़लतियों की

हम ग़लतियों के शुक्रगुज़ार हैं कि उन्होंने दामन थाम लिया,
थोड़ा-सा गिरा कर सम्हाल लिया, दोस्ती से काम लिया.

बड़े फ़ख़्र से कहते थे सबसे, हम ख़ुदा से कम नहीं,
उन्होंने हमें झकझोरा, फिर से इंसान का नाम दे दिया.

कल यूँ ही कर रहे थे अपनी ग़लतियों का हिसाब,
दीवानी ख़ुशियाँ याद आईं ज़िंदगी को सलाम किया.

यूँ तो दस्तक देकर दरवाज़े पर आया करते थे तुम,
वो मुलाकात कुछ और थी जिसका न पैग़ाम आया.

जाने किस तलाश में भटकते रहे एक राह से दूसरी तक,
आज राह भूल गए तो सामने मक़ाम पाया.

ख़ुदा की मेहर भी कैसे-कैसे रंग दिखाती है,
होश में लाने के लिए ग़लतियों का जाम दिया.

सिर्फ़ शायर !

ये दुकानें हैं
यहाँ ईमान बिकता है,
यहाँ ग़ज़लों की बस्ती नहीं होती.

जो आसमान सूरज को कटोरी बना
समंदर उठा लेता हो,
उसकी कोई कश्ती नहीं होती.

पानी पानी और
शराब शराब होती है,
शराब से प्यास नहीं बुझती,
पानी में मस्ती नहीं होती.

शायर ख़ुद ग़ज़ल न हो
तो ग़ज़लों में ब़्रराक नहीं होती,
सिर्फ़ कबीर को पढ़कर, मेरे अज़ीज़,
शायर में कबीर की हस्ती नहीं होती !

ज़िंदगी को जिसने दुआ बना लिया,
उस बंदे को मिली ख़ुदा की मेहर.
पूछो उससे दुआ माँगने से पहले,
दुआ इतनी सस्ती नहीं होती ! ! !

तुम हम और हम तुम नहीं हो सकते

तुम कहते हो, बस हुई ये दुनियादारी, लोग तो क्या,
बस्ती भी अपनी नहीं होती,
बहुत हुआ ये खिलवाड़ लहरों से, यहाँ मल्लाह तो
क्या कश्ती भी अपनी नहीं होती.

बड़ी मुश्किल से मिले हैं ये दोस्त, ये मौसम,
ये लम्हे, मेरे जीने के सामान,
कैसे छोड़ दूँ इन्हें, यही मैख़ाने हैं मेरे,
इनके बिना हस्ती भी अपनी नहीं होती.

कैसा बाज़ार है ये दुनिया यहाँ क़ीमत चुकानी
पड़ती है आँखों की **बारिश** की भी,
ज़िंदगी की बात छोड़ो मेरे दोस्त,
यहाँ हमदर्दी इतनी सस्ती नहीं होती.

बात तुम्हारी भी सही है और हमारी भी,
पर तुम हम और हम तुम नहीं हो सकते,
जो ख़ुदा को मस्जिद में छोड़ आते हैं,
उनसे बंदगी क्या बुतपरस्ती भी नहीं होती.

तरीक़ा

आकाश से ज़मीन तक की दूरी बहुत लम्बी होती है,
उसे पार करने का तरीक़ा बारिश की बूँदों से पूछो.

कितने सागर पार करने होंगे तुम्हें यहाँ आने के लिए,
पल भर में पास आने का तरीक़ा यादों के परिंदों से पूछो.

ख़ुशी में मगन दुल्हन ने कभी डोली से बाहर नहीं देखा,
दूसरों की ख़ुशी में दर्द भूलने का तरीक़ा कहारों के कंधों से पूछो.

कितने तूफ़ान आए डुबो गए उनकी **कश्तियाँ** कितनी बार,
इसे भी मेहरबानी मानने का तरीक़ा ख़ुदा के बंदों से पूछो.

और कितने चाँद लाने पड़ेंगे ये रास्ता तय करने के लिए ?
इस मुश्किल को सुलझाने का तरीक़ा अँधेरों से पूछो.

फ़र्क़ फिर भी है

फ़ासले तब भी थे फ़ासले अब भी हैं, फ़र्क़ लेकिन फिर भी है,
उन्हें मिटाने पर मजबूर करे वह दीवानगी अब नहीं रही.

बंज़ारे तब भी थे अब भी हैं हम, फ़र्क़ लेकिन फिर भी है,
नए दश्त, नए लम्हों को पाने की **तशनगी** अब नहीं रही.

दिलदार तब भी थे अब भी हैं हम, फ़र्क़ लेकिन फिर भी है,
हर अजनबी बारिश में भीगने की आवारगी अब नहीं रही.

तुम्हारे तब भी थे अब भी हैं हम, फ़र्क़ लेकिन फिर भी है,
तुम्हारी हर बात मानने की सादगी अब नहीं रही.

ख़ुदा के बंदे तब भी थे अब भी हैं, फ़र्क़ लेकिन फिर भी है,
ख़ुद झुककर ख़ुदा को भी झुका दें, वह बंदगी अब नहीं रही.

दर्द तब भी था अब भी है फ़र्क़ लेकिन फिर भी है,
दिले-दर्द की दवा बने वह दिल्लगी अब नहीं रही.

पीते हम तब भी थे अब भी हैं फ़र्क़ लेकिन फिर भी है,
मैख़ाने जो भेज दें वह संजीदगी अब नहीं रही.

ज़िंदा तब भी थे अब भी हैं फ़र्क़ लेकिन फिर भी है,
जिसने ज़िंदादिली सिखाई वह ज़िंदगी अब नहीं रही.

अब नहीं !!!

शाम से कह दो कि चली जाए, बहुत देर हो गई,
बंद कर दो दरवाज़ा कि अब इंतज़ार नहीं रहा.

न भूलने का वादा करके भी भूल गए हम सबकुछ,
जो धड़कता था उनके लिए वो दिले-बेक़रार नहीं रहा.

उनके आने की आहट से जो उमड़े थे हज़ारों बादल,
अशआर बन बरस गए पर शायर नहीं रहा.

वो आए तो क्या कहूँ, कैसे कहूँ सोचता था मैं,
अब **कशमकश** नहीं रही मैं बेज़ार नहीं रहा.

अगर आएँ तो कह देना उन्हें मेरी ओर से,
मुझे उनका क्या अपना भी ऐतबार नहीं रहा.

मातम मनाने गर आए कोई मेरे जाने के बाद,
कहना वो मर गया पर कोई मज़ार नहीं रहा.

अब मिले भी तो नहीं सुनेंगे उनके न आने का बहाना,
हम कहेंगे, क्या वो मानेंगे कि अब प्यार नहीं रहा.

एहसास

न कोई वादा न आने की ख़बर, न दिल को बहलाने की **कोशिश**,
चुपके-से आकर जो आँसू पोंछ दे हम उसे दोस्त मानते हैं.

जब हवाओं में नमी हो तब बारिश का एहसास सभी को होता है,
झुलसते अरमानों को जो जिलाए उस आग को हम बारिश मानते हैं.

न कोई रदीफ़ न क़ाफ़िया न कोई सूफ़ियाना ख़याल का बोझिल पैमाना,
इस पर भी जो बेहोश कर दे उस बेआवाज़ को हम ग़ज़ल मानते हैं.

कुछ ऐसा ही

एक पल में जी गए हज़ार साल कुछ इस तरह मिले थे हम,
एक बूँद में बरसीं हज़ार बारिशें, सावन कुछ ऐसा ही था.

दोपहर की गर्मी को चाँद ने हल्के-से छू लिया हो,
दिल था, तिलिस्म था, या आसमान कुछ ऐसा ही था.

पहचान नहीं, इंतज़ार नहीं दरवाज़े पर दस्तक भी नहीं,
नज़रें ग़ज़ल बन बिछ गईं, मेहमान कुछ ऐसा ही था.

मल्लाह ख़ुद तूफ़ान था डगमगाती कश्ती में किनारा था,
तुम मझधार थे, ख़ुदा थे, दीवानापन कुछ ऐसा ही था.

न दोस्ती थी, न दश्त अपना, थीं हज़ार **ग़लतियाँ** अपनी,
जिसने माफ़ किया, वो ख़ुदा नहीं, इंसान कुछ ऐसा ही था.

अनहोनी

कुछ लहरें ऐसी भी होती हैं, जो बादल बन बरसती नहीं,
कुछ ख़ुशियाँ ऐसी भी होती हैं, जो रुलाती हैं, हँसाती नहीं.

कुछ ऐसी भी साँझें होती हैं, जो सुबह का इंतज़ार नहीं करतीं,
कुछ ऐसी भी सुबहें होती हैं, जो शाम में बदलती नहीं.

कह दो उन परवानों से कि ये दस्तूर है इस शहर का,
कुछ शमाएँ ख़ुद जलती हैं, किसी को जलाती नहीं.

दिल और दुआ का रिश्ता सबको मालूम होता है,
पर कुछ दुआएँ ऐसी होती हैं जो कुछ माँगती नहीं.

मत पूछो हमसे कि कब और कहाँ मिलेंगे फिर से,
कुछ कहानियाँ ख़त्म होती हैं, फिर शुरू होती नहीं.

जिसे हम जीये नहीं वो लम्हा याद आता रहता है,
जिसमें हम डूब गए, उसकी याद आती नहीं.

कोई शायर शायद गुज़र रहा है यहाँ से ग़ज़ल गाते हुए,
वर्ना तपती गर्मी में बारिश की **खुशबू** आती नहीं ! ! !

मेहमान

चुप है नसीम, चुप हैं परिंदे, **बेज़ुबान** माहौल है,
ऐसे में ग़ज़लें गा लेते हैं, दिल को मना लेते हैं.

जब हद से आगे बढ़ जाता है ग़मे-ज़िंदगी का हौसला,
हम चुपचाप तुम्हें याद कर लेते हैं.

जब शहर की रोशनी चकाचौंध करती है थकी नज़र को,
हम अपने से दूर, उस गाँव पहुँच जाते हैं.

कैसे मिलें हम इस अजनबी मोड़ पर, ऐ हमराही,
न तुम हमें, न हम तुम्हें जानते हैं.

मेहमान बन आए हो, मेहमानों से चले जाओ,
कहना भी चाहूँ तो लफ़्ज़ देहली पर रुक जाते हैं.

दुआओं का दीया

जो ख़ुद बादल हो उसे बारिश की ज़रूरत नहीं होती,
ख़ुदा को दुआओं की ज़रूरत नहीं होती.

जो गुल दिल की अंजुमन में खिलता हो,
उसे बहारों के आने की **ज़रूरत** नहीं होती.

दिल की दीवानगी में हमने रख दिया दुआओं का दीया,
एहसास के नूर को अल्फ़ाज़ की ज़रूरत नहीं होती.

बियाबान में कोई रहनुमा न हो और रात हो अँधेरी घनेरी,
ऐसे में कोई जुगनू झिलमिलाए, तो समझो, दुआ लग गई हमारी.

एक और सच

लम्हे जब दिन में, दिन हफ़्तों में, हफ़्ते महीनों में
और महीने बरसों में बदल जाते हैं,
तब मुलाकातों के साथ रिश्ते भी
धुँधले हो जाते हैं.

सच भी कुछ ऐसा ही होता है,
उससे अगर नाता बँधता नहीं हमेशा का,
तो वह छूट जाता है, टूट जाता है उससे रिश्ता,
और झूठ ही सच लगने लगता है.

पुजारी रोज़ पूजा की थाली, घंटी, दीपदान
घिस-घिस कर चमकाता है मूर्ति को भी,
वर्ना मन को ज़ंग लगता जाता है,
और भगवान मंदिर में ही रह जाता है.

बारिश में भीगना न भूलना मेरे मीत,
न भूलना झूले के वो बरसाती गीत,
वर्ना ज़मीन बंजर होती जाती है,
और गीत बेसुरा होता जाता है !

अजनबी अपनापन !

बरसों सुलगती रहीं जो आवाज़ें दिल की गहराइयों में,
आज ग़ज़लें बन अश्क़ों में गातीं बरसतीं जा रहीं लगातार !

पाखी के आने-जाने पर हमारा कोई बस नहीं था,
बेबसी थी, करते रहे फिर भी हम उसका **इंतजार** !

न गलियाँ, न गुफ़्तगू, न ही गलतियाँ अपनी,
किसी की आहट पे क्यों सिहरता दिल बार-बार !

ये डोली अनजानी, ये दुल्हन, ये अजनबी माहौल,
क्यों टूटी हमारी नथनी, क्यों रोए हमारे कहार !

क्या यहाँ और क्या वहाँ

आज हमने ठान ली कि नहीं माँगेगे दुआ,
नहीं पूछेंगे किसी से क्या हुआ-क्यों हुआ.

जानलेवा ज़िंदगी है जान लेकर ही रहेगी,
मान लेंगे कि इस मर्ज़ की होती नहीं दवा.

अपनी ही आवाज़ लौटती है किसे पुकारें यहाँ,
ये बियाबान, ये ख़ामोशी, भटके हुए सब **कारवाँ**.

टूट जाए दम जहाँ वही मंज़िल होगी हमारी,
छूट ही जाए जब जहाँ तब क्या यहाँ और क्या वहाँ.

समझौते

अगर आकाश को छू नहीं सकते तो कोई बात नहीं,
धूप में सेंक लो, चाँदनी में नहा लो, बरखा में भीग लो.

नहीं पढ़ सकते कबीर, सूरदास तो कोई बात नहीं,
किसी गरीब के आँसू पोंछ लो, गंगा में नहा लो.

समय के ग़ुलाम हैं हम सब, पता नहीं कब मिलेंगे तुमसे,
कभी शाम ढले झील पर चले जाओ, हमारा वो गीत गा लो.

ये मशीनें हैं, इनके पुर्ज़ों में अभी दिल का **दीवानापन** नहीं आया,
बिनकहे जो समझे उन बातों को दुहरा लो, हमसे मिल लो.

कल ओले पड़े, छत पर टपकने की आवाज़ें आती रहीं रात भर,
दिल को हमने समझाया, ये उनकी आहट नहीं, बात मान लो.

माना कि ये सारे समझौते हैं मंज़िल तक नहीं पहुँचने देंगे हमें,
कौन जानता है कि कहाँ है मंज़िल, बस इसी को मंज़िल मान लो.

अपनी हो

ज़मीं की जलन हो बारिश का मरहम,
तश्नगी अपनी हो, अपनी हो सुलगन.

ग़ालिब की ग़ज़ल हो, साहिर की धड़कन,
लेकिन दर्द अपना हो, अपनी हो चुभन.

कहारों की चाल हो, डोली हो गुमसुम,
इंतज़ार अपना हो, अपनी हो दुल्हन.

पैमाना साक़ी का, शराब का तरन्नुम,
बेहोशी अपनी हो अपनी हो **अंजुमन**.

बरसाती आँखें

लो, दे जाते हैं तुम्हें हम अपनी **बरसाती आँखें**,
अगहन में सावन लाएँगी, झुलसने नहीं देंगी तुम्हें.

राह लम्बी, बस्ती बंजारों की, कोई अपना न हो,
हल्के-से तुम्हें सुलाएँगी, तरसने नहीं देंगी तुम्हें.

मन भर आए बिना बात के, बातों-बातों में कभी,
ये बरसकर भिगो देंगी, बरसने नहीं देंगी तुम्हें.

बस तुम थे

हमराही मिले कई, कुछ क़दम साथ भी हो लिए,
ख़ुद मिटकर रास्ता बन जानेवाले तुम थे, बस तुम थे.

ग़ज़लें मिलीं कई, कुछ ने रुलाया कुछ दिलासा भी दे गईं,
ख़ुद ग़ज़ल बन हमें धुन बनाने वाले तुम थे, बस तुम थे.

कितने मैख़ाने, पैमाने मिले, कई पिलानेवाले भी मिले,
ख़ुद नशा बन हमें चुरानेवाले तुम थे, बस तुम थे.

रेगिस्ताँ में सुराही भर पानी पिलानेवाले मिले, बहुत मिले,
आसमाँ बन सावन बरसानेवाले तुम थे, बस तुम थे.

हमदर्द मिले कई झुलसते दिल पर मरहम लगानेवाले,
हमारी दास्ताँ बन आँखों से बरसनेवाले तुम थे, बस तुम थे.

सर्दी से बचानेवाले कुछ ऊनी दुशाले थे, अपने थे,
ख़ुद ज़िंदगी बन हमें जिलानेवाले तुम थे, बस तुम थे.

बेमौसम

आज भरी महफ़िल में आकर पूछते हो कि क्या गुज़री है तुम पर,
तब तुम बस एक नज़र डालते थे अधखुली चिलमन से हम पर.

न तुम्हें पूछने की न हमें कहने की ज़रूरत होती थी कुछ भी,
हल्की नसीम चुभ जाए तो समझ जाते तुम चले गए रूठकर.

सुना तो था हर गर्मी के बाद आता है सावन का महीना,
सावन तो आया है, दिल ही पागल है नहीं भीगता भीगकर.

जो तुम्हारी बातें हमें बार-बार हँसाया करती थीं,
आज रुला जाती है बार-बार तुम्हारी याद बनकर.

हम बोले जाते थे कि तुम्हें पता न चले हमारी उदासी का,
तुम हमारी आँखों में झाँकते थे अल्फ़ाज़ का घूँघट उठाकर.

ये कैसी दूरी है कि मेरी चीख़ भी नहीं पहुँचती तुम तक,
वो कैसा वक़्त था आ जाते थे मेरी **अनकही** सुनकर.

चलो मान लिया, जानेवाले मौसम नहीं होते कि लौट आएँ,
तुम ही तो कहते थे हमारे फूल खिलेंगे मौसम को भूलकर.

फ़ुरसत

दिल मिले भी तो कुछ ऐसे अजनबी माहौल में,
न उन्हें पूछने की, न हमें जवाब देने की **फ़ुरसत** है.

देखो जा रहे कहार, जाने किसकी डोली उठी है,
किसी का वक़्ते-विसाल, किसी का वक़्ते-रुख़सत है.

बरसात ऐसी हुई कि रेत के टीलों पर गुल खिल उठे,
उन्होंने कहा ख़ुदा की मेहरबानी, हमने कहा चाहत है.

एक सपने पर निछावर किए हमने हज़ारों सच,
एक अरमाँ है जिसे अब दिल की ज़रूरत है.

न कहो धड़कन से कि झूठा इंतज़ार उसका,
जो धड़कन में समाई वह वहम नहीं, हक़ीक़त है.

फ़ुरसत से कहेंगे बात हम यह सोचते ही रह गए,
माया तुम्हारी, बीत जाना ज़िंदगी की फ़ितरत है.

क्या होता है

न कहो बूँद भर बारिश के बरसने से क्या होता है,
उस रेगिस्तान से पूछो ख़ुश्क ज़मीं, जलते अंगारों की चुभन.
एक बूँद में जैसे मरहम का बहता दरिया होता है,
अँधेरे बंद कमरों में जिसकी ज़िंदगी बीती,
एक जुगनू भी उसका आफ़ताब होता है.

एक बार हल्के-से दस्तक दो किसी बंद दरवाज़े पर,
किसी को इस आहट का सदियों से इंतज़ार होता है.

क्यों कहते हो बेवजह लुट जाते हैं ये झरते पत्ते,
मेरे यार, हर पत्ते में यार का **दीदार** होता है.

दोस्त बहुत कम होते हैं

जीते जी तो बहुत मिलते हैं हमराज़, हमनवाँ, हमसफ़र,
मिटने पर भी जो साथ दें ऐसे दोस्त बहुत कम होते हैं.

बेहोशी बेचते हैं, बचाकर अपने होश का सामान,
बेहोश होकर शराबी को सँभाले वो साक़ी कम होते हैं.

शायरी लिखते हैं, **मुशायरा** रोशन करते हैं वो सुनाकर,
जो शायरी जीते हैं, जिलाते हैं, वो शायर कम होते हैं.

हमारे रूठने का मलाल मत करो यह पहचान है प्यार की,
बगैर रूठे प्यार करनेवाले आशिक़ कम होते हैं.

सावन बन बरसनेवाले अश्क़ हज़ार होते हैं,
जलाकर दिल को राख़ करनेवाले लेकिन कम होते हैं.

दीवानों की आज़ादी मशहूर है मग़रूरी मशहूर है,
रस्मो-रिवाज़ में बँधकर जो आज़ाद हों, वो दीवाने कम होते हैं.

ख़ुदा के लिए जीते हैं, ख़ुदा के लिए मरते हैं,
इंसाँ को अपनी ज़िंदगी दे दे वो इंसाँ कम होते हैं.

ख़ुदाई

हज़ार दुआओं की तपिश के बाद हुई **बारिश**,
तुम आए भी तो कुछ ऐसे.

दिलो-दिमाग तप-झुलसकर हो गए धुआँ-धुआँ,
बदरी छाई भी तो कुछ ऐसे.

ऐ ख़ुदा ! तेरी ख़ुदाई में दुआ शर्मिंदा चुप,
मुरादें बर आईं तो कुछ ऐसे.

चाँद को डुबा दिया अपनी सियाही में,
हमने ईद मनाई भी तो कुछ ऐसे.

ख़ुदग़र्ज़

ज़िंदगी को जागीर माननेवाले और होंगे, मेरे अज़ीज़,
हम इसे ख़ुदा का तोहफ़ा मानकर, बंदगी करते रहे.

मौत को दुल्हन बनाकर हम उसे ज़िंदगी कहते गए,
इस फ़िराक़ को विसाल कहकर, ग़म-ए-रूह सहते गए.

न सफ़र की ख़्वाहिश की, न हमसफ़र का ख़्वाब देखा,
एक तूफ़ानी सैलाब था, बस उसी में बहते रहे.

जिनसे मिले ही नहीं उनसे अलविदा की बात कैसी ?
कुछ लफ़्ज़ों के परिंदे थे, पकड़ते रहे, उड़ाते रहे.

तुम मिले ऐसे कि धूप छाँव बनकर छा गई,
चाँदनी के फूल कुछ-कुछ बेज़ुबानी कहते रहे.

न सावन, न बादल, न अँधेरे आसमाँ के अरमान,
कुछ पागल-से मन थे, फिर भी बरसते रहे.

ऐ ख़ुदा, कह दो उन्हें, हम जल गए जलाकर चिराग़,
ख़ुदग़र्ज़ कैसे ? जो गुलज़ार में फिर भी खिलते रहे.

असर नहीं होता

हमें अब मैख़ाने ले जाकर क्या करोगे, मेरे अज़ीज़,
जो बेहोश हैं उन पर शराब का असर नहीं होता.

अब कोई सवाल रहा नहीं पूछने के लिए,
चाहे जो जवाब दो, उसका असर नहीं होता.

जिस ख़ार को गुल मानकर दिल में सजा रखा,
उसकी **चुभन** पर अब गुलाब रखो, असर नहीं होता.

तुम्हारी ख़ामोशी हमें अश्क़ों में भिगो दिया करती थी,
आज तुम्हारी बातों का भी असर नहीं होता.

जो बिखर गया वह आईना था हमारे दिल का,
उस पर तुम्हारे शबाब का अब असर नहीं होता.

जो बह गए बग़ैर उतरे दरिया की गहराई में,
उन पर सैलाब के आने का असर नहीं होता.

ख़ुदा का नाम जिन्हें आसमाँ के पार ले गया,
उन पर बंदों की अज़ान का असर नहीं होता.

पता न चला !

हर नए परिचय से जुड़ता गया कुछ यूँ रिश्ता,
ख़ुद कब अजनबी बन गए कुछ पता न चला.

सँजोते रहे देहली पर दीए की लम्बी क़तार,
ख़ुद धुआँ बन बिखर गए, कुछ पता न चला.

इसलिए कि तुम्हें इंतज़ार था तारों की **महफ़िल** का,
हम सूरज बन ढल गए, कुछ पता न चला.

एक आहट ने रख दी उँगली हमारे होंठों पर ऐसी,
सारे लफ़्ज़ खो गए, कुछ पता न चला.

उँड़ेल दिया अपने आप को उस छोटी-सी मुलाकात में,
क्या ढूँढ़ते रहे दिले-नादाँ तुममें, कुछ पता न चला.

दाद

तुम ख़ुश रहो कामयाबी सजदे बिछाए राहों में,
दिल सही, पर दुआएँ कमज़ोर नहीं होती किसी की.

बीत कर भी साथ देंगे हम तुम्हारा उम्र भर,
वक़्त सही, पर **परछाई** जुदा नहीं होती किसी की.

कैसे लें विदा ? एक दरिया है आँख से बरसता हुआ,
बात सही, आँखों की नमी रूखी नहीं होती किसी की.

न रास्ता, न मंज़िल बस एक नशा चाहत का,
रंग सही, पर दीवानगी फीकी नहीं होती किसी की.

यक़ीं ना हो तो पूछ लो दिले-शायर देगा दाद,
वादे सही, ग़ज़लें कभी झूठी नहीं होती किसी की.

सरहदों के पार

वे कहते रहे कुछ, हम सुनते रहे कुछ और,
नींद हमें आई थी, सो गया कोई और.

आँधी आई कहीं, उजड़ी बस्ती कहीं और,
रोए थे हम, भीगा था कोई और.

चाँदनी बरसी यहाँ, बेहोश शायर कहीं और,
बस हँसे थे हम, फूल खिले कहीं और.

हम खड़े गंगा किनारे, बह गया कोई और,
ज़िंदगी हमारी थी, जी गया कोई और.

पर्दा हमने किया, छिप गया कोई और,
कहानी हमारी थी, कह गया कोई और.

पँख हमारे थे, उड़ गया कोई और,
गीत हमारे थे, गा गया कोई और.

नहीं समझे अनहोनी, समझा होगा कोई और,
हम कब के बीत गए, रह गया कोई और.

जो न दिखा, न सुना, न उड़ा, न बहा, न खिला,
उसमें ढले, सरहद मिटा गया कोई और.

The Edge!!

मैंने उस आँसू को समा लिया था अपनी पलकों की कोर में,
कि तुम्हारी नदी के छोर टूटकर बह न जाएँ फिर से.

मैंने उस बात को कहने से रोक लिया, अपनी बाक़ी बातों के बातास में,
कि तुम्हारी बँधी ख़ामोशी रूठकर आवाज़ न दे मुझे फिर से.

मैंने उस बेताब हवा को हल्के-से अपनी हथेली में बंद रखा,
कि तुम्हारा आँचल छूटकर न लहरा जाए देहली के पार फिर से.

तुम्हारी आहट सुनकर भी चुपचाप चल दिए हम तुमसे बहुत दूर,
कि कहीं जीने की **तमन्ना** न जाग उठे दिल में फिर से.

उफ़ !

कह दो सौदागर से ये सपनों के सामाँ न बेच,
इन सपनों के पर्दों में पहचान छिपाई जाती है.

क्या कहें उसे जो आने के मोड़ पर जाने का नाम लेती है ?
सब समझकर भी अगर अनजान बनी जाती है.

बेग़ानी बस्ती, थकी शाम बुझे-बुझे-से हैं चिराग़,
ऐसे में तुम्हें ख़ुदा, हमें अंजुमन याद आ जाती है.

वह ज़माना था, हमारी अनकही भी बोला करती थी,
आज हमारी ग़ज़लें भी बेज़ुबाँ हुई जाती हैं.

मक़बूल थी हमें जुदाई, यहाँ यादों का जश्न हुआ करता था,
आज तुम्हारे होते हुए भी गली सुनसान हुई जाती है.

कोई ख़ुशी का **तराना** छेड़ ये ग़मग़ीन नग़मे न सुना,
तेरे शौक़ की बात है, मेरी जान जली जाती है.

न रदीफ़ न क़ाफ़िया

कुछ जीते हैं इसीलिए कि जाते हुए, कुछ अपने निशाँ छोड़ जाएँ,
और कुछ अपने सारे निशाँ मिटाकर चले जाते हैं.

क्या ज़रूरत है कि चमन पर माली का नाम लिखा हो ?
हर फूल की ख़ुशबू माली की तारीफ़ होती है.

कुछ ज़िंदगी को फ़ना कर फ़ेंक देते हैं दरिया में,
और कुछ ज़िंदगी पर ख़ुद को निछावर कर देते हैं.

किसी के आँसू उन्हें नहीं रोक सकते जिनकी मंज़िल ख़ुदा है,
और कुछ ऐसे भी हैं जो उन आँसुओं में ख़ुदा देखते हैं.

कुछ रदीफ़-क़ाफ़िया में ग़ज़ल को बाँधते-सँवारते हैं,
कुछ ग़ज़ल को रिहाकर, खुद रदीफ़-क़ाफ़िया बनते हैं.

किसी दीवाने ने हमसे पूछा बोलो कैसी लगी **दुनियादारी** ?
हमने हंसकर कहा, न हम समझा पाएँगे न तुम समझ पाओगे.

कुछ रूहें तड़पती हैं कि कोई आए जनाज़ा ले जाए,
और कुछ अपना जनाज़ा ख़ुद उठाकर निकल जाती हैं.

आम का बौर

बीत लम्हों को बुला गया फिर,
आज आम का बौर रुला गया फिर.

तारों को जो छू ले **बैसाखी उमंगें**,
उन्हें अंतर में झुला गया फिर.

अमियाँ नाचेंगी हरे-भरे लहँगों में,
सपनों की कलियों को खिला गया फिर.

हवाओं में ख़ुशबू के जाम उँड़ेलकर,
साक़ी बन मैख़ाने पिला गया फिर.

कह दो जो कहना है, वक़्त मुँडेर का पंछी,
उड़ जाएगा, याद दिला गया फिर.

आया है तो बाँध लो अपनी मन की डोर से,
वर्ना कहोगे, आया और चला गया फिर.

आँखें खोलीं, न आम का बौर, न कोई ख़ुशबू,
ऐपल के पेड़, ट्यूलिप्स के फूल हैं चारों ओर,
आँखें मूँद लीं हमने, आम का बौर छा गया फिर.

हमीं को हमसे मिला गया फिर,
किसी को सुलाकर किसी को जगा गया फिर,
आम का बौर रुला गया फिर.

पहचान

न करो कोशिश उसे पार करने की,
आकाश के किनारे नहीं होते.
दिन में चमकना हो जिन्हें,
मान लो, वे सितारे नहीं होते.

जो गीतों में ढल जाते हैं एक बार,
वे सुर फिर हमारे नहीं होते.
बरसात में भीगकर भी जो धूप नहीं झेलते,
वे ज़िंदगी के सहारे नहीं होते.

पहचान का कोई रंग नहीं होता,
जो दीखते हैं वो चेहरे नहीं होते.
हल्के-से सहला जाती है जो नसीम,
उस पर **रिश्तों के पहरे** नहीं होते !

पर बहुत देर नहीं

न करो **मोह** उसका जो दीखता तो है पर हमेशा होता नहीं,
पलभर के इंद्रधनु के रंग भरमाते हैं, पर बहुत देर नहीं.

हर मोड़ पर मिलते हैं कई पर उनका साथ हमेशा होता नहीं,
कुछ पल जुड़ते हैं अपनाते हैं हमें, पर बहुत देर नहीं.

जो बरसते हैं छत पर, भिगो जाते हैं हिया को कुछ पल,
याद आते हैं वे लम्हे तरसाते हैं हमें, पर बहुत देर नहीं.

कोई शायर बाँधता है हमारी सुनसान गलियों को ग़ज़ल में,
सुनकर हम फिर तराशते हैं वे सुख़न, पर बहुत देर नहीं.

कई आवाज़ें गूँजती हैं, अपनी, कुछ अजनबी, समझ नहीं पाते,
बार-बार ढूँढ़ते हैं पुकारते हैं अपने आपको, पर बहुत देर नहीं.

ये कैसी अनहोनी है, आईने में दीख जाते हो तुम हमारी जगह,
अचानक आँखें झुकती हैं, शर्माते हैं हम, पर बहुत देर नहीं.

समझ जाओ होने न होने का ये है धूप-छाँव का खेल,
बार-बार समझाते हैं फूल, हम समझते हैं, पर बहुत देर नहीं.

वजूद

आज अपने आप को बंद खिड़की से बाहर जाते हुए देखा,
जो आज तक चुप था उस पंछी को फिर गाते हुए देखा.

जिसे डोली में बिठाकर सँभालकर ले जाया करते थे कहार,
आज उस दुल्हन को अपनी डोली ख़ुद उठाते हुए देखा.

बारिश के इंतज़ार में जलकर जिसमें दरारें पड़ जाती थीं,
आज हमने उस ज़मीन को धुआँधार बरसते हुए देखा.

किनारे पहुँचने की कोशिश में मझधार में डूब रही थी कश्ती,
आज किनारों को दरिया में कूदकर कश्ती को बचाते हुए देखा.

बेमौसम **बेवजह** कलियों को खिलते देख बेज़ार हो गए थे हम,
आज हमने बहारों को बेवक़्त बाग में आते हुए देखा.

नामुमकिन भी मुमकिन हो जाता है ख़ुदा की मेहरबानी से,
आज हमने ख़ुदा को अपने ही बंदों में बदलते हुए देखा.

रंग गुलाल का !

मेरे अज़ीज़ ! जवाब कभी बयाँ नहीं कर सकता जो गुज़रती है दिल पर,
क्यों पूछते हो, हम जवाब देना नहीं चाहते किसी भी सवाल का.

होली गुज़र गई, अब पोंछ डालो रंग, धो लो चूनर, तुमने हमसे कहा,
बोलो, क्या वह उतरेगा रंग जो दिल में उतर आया है तुम्हारे **गुलाल** का ?

आज तुम्हें देखा तो घिर आए बादल यादों के, बरसे, भिगो गए फिर से,
देखो हमारी दुआ का असर, हिज्र में भी होता रहा एहसास विसाल का.

ख़ुदा के नाम की पायल क्या बाँध ली हमने, ज़िंदगी घुँघरू बन नाचने लगी,
एक बेहोश आवाज़ गूँजती रही, ख़ुदा का यह करिश्मा है कमाल का !

ग़म न कर

ग़म न कर गर गुल बन खिले नहीं अरमान,
जो खिला ही नहीं, उसे मुरझाने का ख़ौफ़ नहीं होता.

सोग़वार न हो गर दास्ताँ कह न पाया अपनी,
जिसका आग़ाज़ ही नहीं उसे अंजाम का ख़ौफ़ नहीं होता.

छोड़ो ये अल्फ़ाज़ ये दिल को मनाने की कोशिशें,
जिसे एहसास ही नहीं उसे बेदिली का ख़ौफ़ नहीं होता.

ऐ पर्दानशीं, नक़ाब में छिपा ले **दीदार के परिंदे**,
जिसे देखा ही नहीं, उसे भुलाने का ख़ौफ़ नहीं होता.
न कहो हमें संगदिल कि हम मिलने का वादा नहीं करते,
जो मिले ही नहीं उन्हें बिछड़ने का ख़ौफ़ नहीं होता.
ये नग़मे, ये ग़ज़लें सब जीने के बहाने हैं, दोस्त,
जो ज़िंदगी से जुड़ा ही नहीं उसे मरने का ख़ौफ़ नहीं होता.

दोस्तों से

अब हमसे नहीं सही जाती तुम्हारी यह **पुकार**,
मान लो मेरे दोस्त कि अब हम आ नहीं सकते.

माना कि हमीं ने बड़े शौक़ से बनाए थे घोंसले,
पर उड़ गया जो पंछी उसे वापस ला नहीं सकते.

मक़बूल था हमें तरन्नुम मंज़ूर था वह गुनगुनाना,
पर भूल गए वह बंदिश, उसे अब गा नहीं सकते.

कितनी बारिशों में भीगे, कितनी नदियों में बहे तुम्हारे साथ,
मगर यह सागर ऐसा है दोस्त, जिसे बोतल में उतार नहीं सकते.

फिर भी

मैंने कभी व्हिस्की नहीं पी,
कई बार तुम्हारे कहने पर भी ;
तुम्हारे ग्लास से छलके हुए,
नारंगी रंग को बस पीती रही बंद आँखों से.

तुमने कभी वह कविता नहीं पढ़ी,
जिसे धीमी-धीमी बरसती बूँदें
हमारी खिड़की के काँच पर
हल्के-से लिख जाती थीं
बस हथेली पर तुम झेल लेते थे उन्हें चुपचाप.

फिर भी हम जी गए ज़िंदगी साथ-साथ,
बग़ैर व्हिस्की की **बेहोशीवाली**.
शब्दों के बिना सिर्फ़ अर्थ में बोलनेवाली,
अपनी ही धुन में कुछ गाती जानेवाली,
किसी अनोखी अनजान पगडंडी से
गुज़रनेवाली, रजनीगंधा-सी महकनेवाली
शाम-सी हमारी अनन्या अद्‌भुत ज़िंदगी !!

सोचा तो था !

एक और खिड़की बंद कर देनी है,
जो तुम्हारे घर की ओर खुलती है.
छलती है मुझे बार-बार,
तुम्हारी चुन्नी की पीली किनार हवा में
लहराती हुई, अटकी है अभी भी वहाँ,
वो खिड़की मुझे बंद कर देनी है.

वो दीवार पर लटकी हुई तस्वीर है,
उतार देनी है, जो तुम्हारे जाने के बाद
और भी जकड़ लेती है मुझे, बाँधती है
रस्सी-सी, कहीं और जाने नहीं देती.
तुम्हारी आँखें बटोर लेती हैं बार-बार
सारे गुज़रे लम्हें और भर देती हैं

मेरी आँखों में फिर से.
आँखों से झरते सावन में
मेरा वर्तमान डूब जाता है,
वो तस्वीर मुझे उतार देनी है.
ये सब मैंने सोचा था कई बार,

सोचा तो था कि वो गाँव,
वो नदी, परबत,
वे पनघट की छोरियाँ,
वे श्याम की बाँसुरी से सुरीले दिन,
वो हमारी सुबह को शाम में
बदलती हुईं मुलाक़ातें,

सबको छोड़ आऊँ गंगा में
जलते हुए दीप बनाकर !
और लौट आऊँ फिर से जीने के लिए !

पर ये नहीं हुआ.
मुश्किल बस इतनी ही थी और
अभी भी है,
कि ज़िंदगी ने हमें फिर दीवाना नहीं किया,
शायद हमने वैसा जाम फिर नहीं पिया,
वैसा फिर नहीं जिया,
शायद अपने आप को इतना
हमने फिर
वैसा कभी नहीं दिया !
पंछी भूल गया सब कुछ
बस कहता रहा
पिया पिया !!!

बिदाई

पाँव की बिछिया,
माथे की बिंदिया,
सारी सखियाँ कहें,
दुलहनिया बिदेस चली.
नैहर भयो री परदेस,
दुलहनिया बिदेस चली.

घरवा मोरा सूना-सूना,
कौन झुलाए सावन झूला,
साथ लिये अँसुवन का देस,
दुलहनिया बिदेस चली,
नैहर भयो री परदेस,
दुलहनिया बिदेस चली.

सोना मोतिया बंदड़ा तोरा
आँगन होगा सोना-सोना,
मन को काहे लागे रे ठेस,
दुलहनिया बिदेस चली
नैहर भयो री परदेस,
दुलहनिया बिदेस चली.

चाँद

मीरा का महुआ फूल
कृष्ण, चाँद.
राधा के गुस्से का
पलाश फूल,
चाँद.

आकाश के माथे की
रंग-बदली बिंदी,
चाँद.
चिनार का
विरागी रूप,
चाँद.

तुमसे कहते-कहते
जो कही नहीं,
पर पनपती रही
वो कादम्बरी,
श्वेताम्बरी,
कमलिनी,
चाँद.
शिष्य के अंधेरों को
पीकर,
और भी दीप्तिमति होती,
उजाला बरसाती,
गुरु के आशीर्वाद की

स्नेहमयी
ज्योति,
चाँद.

कितने जन्मों की,
युगों की,
यादों को, वक़्त से चुराकर,
बड़े प्यार से समेटकर,
देश-स्थिति को पार कर,
तुम्हें, मुझे पिलानेवाली,
चाँदी की कटोरी,
चाँद.

सारे रंगों को मिला कर,
अनुराग गा कर,
हर सुर को गूँथ कर,
तारों में, तारों में,
ओंकार बन,
कण-कण में
बिखर जानेवाला,
कभी दीखता,
न दीखता-सा,
मौन, मुग्ध,
मन,
चाँद.

आज और कल

जब तक जड़ें जुड़ीं हैं ज़मीं से,
तब तक पौधों की पवन के साथ
अठखेलियाँ चलेंगी, फैलेंगी उनकी
डालियाँ ऊपर, आसमान को छूएँगी,
कितने-कितने कान्हा आएँगे, बाँसुरी
बजाएँगे, बेहोश हो नाचेंगे पेड़ उनके साथ,
छोटी-छोटी गौरैया फुदकेंगी उनकी डालियों पर.

एक बार जड़ें उखड़ गईं तो पेड़ टूट जाएँगे,
मिट जाएँगे और कोई कान्हा उनके पास नहीं आएगा,
न कोई बाँसुरी बजेगी,
गौरैया एक बार चोंच मोड़कर देखेगी और उड़ जाएगी.
पेड़ का नामो-निशाँ नहीं रहेगा !

ज़मीं गिरे हुए पेड़ से कहेगी,
''यही तो सच है, कल को आने के लिए आज को
मिटना होता है, टूटना होता है !
वर्ना बूढ़े आज का बोझ कल सँभाल नहीं पाएँगे !''

साक्षी

कौन साक्षी होता है, बोलो,
जब धीरे-से आँख खोलती है
कलिका ?

बरसात की एक बूँद
पीकर उगती है
नन्हीं-सी **मधुलिका** ?

अजनबी माहौल में
अचानक माँ को देखकर
खिलखिलाकर
हँस पड़ती है छोटी-सी
बालिका ?

अँधेरे बियाबाँ में
खोई हुई उमंग
जग उठती है
देख जुगनू की शलाका ?

बादल घिरते देख
भयभीत हो
अपने सिर पे लादकर
दो दाने का बोझ
घर की ओर भागती है
पिप्पलिका ?

जो साक्षी होता है
वह जी जाता है
हज़ार जन्म
हर रूप में,
डूबता है,
पर बहता नहीं.

दूर बैठे जैसे
कोई कवि
अपनी ही कविता
अपने ही को सुनाकर
कभी सिसकता है
कभी हँसता है
निर्मोही-सा ! ! !

निशान कोई नहीं

तुमने कभी लौटने की बात नहीं कही थी,
हम ही ने दरवाज़ा खुला छोड़कर
तुम्हारा इंतज़ार किया था.
तुमने कभी कोई नज़्म नहीं छेड़ी थी,
अपनी ही ग़ज़ल को हमने
तुम्हारा नाम दिया था और
अपनी चंद मुलाक़ातों को
क़ाफ़िया बना लिया था.

निशान नहीं कोई भी
कोई गवाही नहीं चलने की.
हमारे मिलने की, बिछुड़ने की.
एक नसीम ने **शबनम** बरसाकर
वक़्त को बस एक पल रुलाया था !

कल किसी ने पूछा
कैसे इतना सब्र सीखा ?
दर्द को दिल नवाज़ बना लिया ?
हमने मुस्कुरा कर सारी महफ़िल को
तुम्हारा नाम बता दिया ! !
मौत से हमारी यारी थी,
उसने हमारी बात मानी थी
तुम्हारे आने तक जनाज़े को भी
उठने नहीं दिया था.

अपनी ही परिपूर्णता में

नींद में **स्वप्न के फूल** जैसे
ये दुनिया भी आत्मा पे उभर आती ही ऐसे
राही भूल गया है, वो आत्मा है, जीव नहीं
और ये भूलना भी अचानक, जैसे स्वप्न का किरदार कोई
यूँ तो शांत है सब कुछ, अपनी ही परिपूर्णता में
जैसे विष्णु शयन कर रहे हों क्षीरसागर में
दुनिया नज़र आती है, तो है उसकी चेतना
कुछ नज़र नहीं आता हो गर, तो चेतना भी नहीं
जागृति हो या ख़्वाब, एक बात ज़रूर सामने आई
नज़ारे और आँख एक साथ ही उठते हैं, अलग नहीं
गहरी नींद में जैसे डूब जाता है जागना और सपना
और जागो तो दोनों भी नहीं !

ज़िंदगी की किताब !

रास्तों को मैंने यादों के फूलों में गूँथ लिया था,
ज़िंदगी की किताब के पन्नों में रख लिया था
बरसों तक.
कि जब भी चाहूँ,
किताब खोल लूँगा.
किताब के हर पत्ते पर उग आएँगे वो फूल, वो रास्ते
बारबार !
आज फिर बारिश हुई
फिर किताब खोलने का मन हुआ
फिर भीगने का मन हुआ
सारा घर ढूँढ़ा, पर किताब नहीं मिली.
मुझे पता था, फूल सूख ही जाएँगे एक दिन,
रास्ते पीछे रह जाएँगे एक दिन,
पर नहीं मालूम था
कि किताब ही **खो जाएगी**,
और मैं फिर रास्तों पर भटकता फिरूँगा,
पता नहीं कहाँ से कहाँ तक,
कब से कब तक !!

सवाल, जवाब !

कितने शहर, कितने देश, परिवेश,
कोई भी रास न आया.
आज अपनी ही गली में,
बेहोशी में, होश आया,
हमने सपने में सच पाया !

जैसे जन्मों के गीतों को,
तुम्हारे मौन ने दोहराया.
मन फिर भरमाया,
हमने सपने में सच पाया !

जैसे अपने में तुम्हें और
तुममें अपने को खोया,
हमने सपने में सच पाया !

कैसे कहें ये सपना, ये सच,
जब एक है दूसरे का साया,
हमने उठा लिया गंगा में बहते चाँद को
मन हुआ आकाश, न कहो माया.
हमने सपने में सच पाया !

तुम मानोगे तभी जब
जवाब मिलेंगे क्यों ? और कैसे ?
हम दीवाने कहेंगे बस यूँ ही, ऐसे !
एहसास के नाम हज़ारों होंगे,

गाँव हज़ारों होंगे,
इस दुकान में जो बिकता नहीं,
उसका काम नहीं होता,
और सच तो ये है,
एहसास का हिसाब नहीं होता.
चलो, जहाँ सवाल ही जवाब हो,
कौन अपना, कौन पराया,
हमने सपने में सच पाया ! !

नि :शब्द शब्द

आज मैंने अपनी आँखें खोल दीं,
और उड़ा दिया सपनों की तितलियों को,
भिड़ा दिया ज़मीं को आसमाँ से,
रंग गया आसमान ज़मीं के रंगों से,
तितलियाँ उड़ती रहीं, आसमाँ भीगता रहा,
सपने बीनता रहा.

अर्थ छूट निकला बंधनों से शब्दों के,
गूँजता रहा हर शब्द में पंछियों के,
पेड़ के, झरने के, हवा के, बारिश के,
पनिहारिन की गागर के, कान्हा की
बाँसुरी के,
और सार्थक कर गया, नि :शब्द शब्द को,
सारे शब्दों का कारवाँ गाता रहा.
हम बनते रहे मिटते रहे, आते रहे, जाते रहे,
अर्थ को बाँधते गए, बिखेरते गए.

आज मैंने तुम्हें दूर से ही पकड़ लिया,
अपनी जादुई डोर से कि तुम फिर छूट न जाओ.

मेरे हाथों से, मेरी ग़ज़लों से, हमेशा की तरह,
कैसी विडम्बना है, मैं तो छूट गया
दीवारों से,
किनारों से,

और मेरे ख़ुदा, तुम बँध गए, मेरे हो गए.
तो क्या तुम्हें बाँधने के लिए,
छूटना ही पड़ता है, टूटना ही पड़ता है,
लुट जाना पड़ता है लूटने के लिए तुम्हें ! ! !

बोलो ना !

सुबह की गायत्री सुन चौंके हम, पर सांझ अभी भी छाई नज़र आई,
कहो, कालचक्र बदल गया या तो हम नींद से जागे नहीं ?
बोलो ना !

क्यों मेरी घड़ी कल पर ही रुक गई ?
क्यों नहीं आगे बढ़ी सबकी घड़ियों के साथ,
बोलो ना !

धुआँधार बारिश में भी अनभीगा रह गया आँगन मेरा,
कहाँ, क्यों रुक गया है मेरा सावन,
बोलो ना !

सारे पंछी उड़ गए, चले गए अपने-अपने देश,
क्यों मेरा पाखी रुक गया उस गली की खिड़की पर,
बोलो ना !

कितने अँधेरों को पार कर चाँद तक पहुँच जाते थे हम,
आज अपने ही साए से क्यों डर गए, भाग गए,
बोलो ना !

हम डूब जाते थे **सैलाब** से घिरे दरिया में तुम्हारे साथ,
किनारों को कैसे समझाएँ डूबने की ख़ुशी,
बोलो ना !

तुम्हारे साथ पी गए थे ज़िंदगी, उसका नशा अभी बाक़ी है,
वर्ना कैसे जीते होशवालों की इस दुनिया में हम,
बोलो ना !

कनु राधा भयो

कनु कौन दुखायो तोरा हिया,
काहे रोये पिया ? न रो रे,
रोये मोरा जिया,
कनु कौन, बोलो कौन दुखायो तोरा हिया ?
मोहे जलाए
साँझ की **ठंडी छैंया**,
घरवा मा जले दीया
पाहून ई सब ही कहत है
कुछ खिलाओ बिटिया !
होवत है रतिया
आँगन की मुंडेर पे
बैठा मन-पाखी
कहत है पिया-पिया !
न रूठो, कनु !
मैं पिंजड़े की चिड़िया

कनु, कभी तू भी
राधा बनियो,
लिये हाथों में चलियो गगरिया,

मेहंदी लगी अँजुरी से भरी
ओढ़ी लियो चुनरिया,
तू ही समझ जइयो
मोरी बतिया.

भूलियो न कनु,
दे दूँगी अपनी
पहनियो बिछिया
सब कोई को कहने दो
कहाँ गयो
कन्हैया ?
कनु, जानूँ
राधा बन
आ गयो कन्हैया
कनु ! कौन दुखायो तोरा जिया ?

ना करो ऐसी मनमानी

"कनु ने कहा
मैं तो बन आऊँ राधा लिए गगरिया पनघट की,
तुम मुग्धा, तुम चल पाओगी चालें उस नटखट की ?

मैं तो रूठूँगा, मनाओगी तुम कहकर झूठी-झूठी बातें ?
ना मानूँ तो याद दिला पाओगी वे मीठी बातें ?

तुम कलिका कोमल मानस की कैसे कठोर बन पाओगी ?
मेरे कहने पर बोलो, क्या बनवासी बन जाओगी ?

तेरा कंकड़ मेरी गगरी छलक छलक जायेगी,
तेरी आँखों से राधे वह बादल बन बरसेगी।

मेरे पैरों में अलता, बालों में फूल लगा पाओगी ?
मेरी चुनरी को छूकर खुद ही शरमा जाओगी ?

मेरी राधा ! मान भी लो न करो ऐसी मनमानी,
दर्पण देखो, कभी दिखेगा कनु, कभी राधा रानी"

कनु, करो दूर उनकी पीर !

बहु भटके रे मानस,
अब नाहीं धीर
कनु, करो दूर उनकी पीर !
मोरे नैना भये रे बरखा
न थामे नैनन का नीर
कनु, करो दूर उनकी पीर !
कनु ! करो दूर उनकी पीर !

जमुना भी रोये रे
बह गए दोनों तीर
कनु, करो दूर उनकी पीर !

कह नहीं सकत कनु कछु भी
कैसे दिखाएँ मानस चीर ?
कनु, करो दूर उनकी पीर !

उड़ाए लिए जइयो
लो हम भये हैं समीर,
कनु, करो दूर उनकी पीर !
कनु, करो दूर उनकी पीर !

चुनरिया

झीनी-झीनी चुनरिया,
ओढ़ चली बावरिया,
कैसे दीखे साँवरिया ?
सखी, रख दो गगरिया,
उठा लो चुनरिया,
आई हो सजन की नगरिया,
अब काहे की लाज ?
सखी, मिलाओ नजरिया,
जब बरसे बदरिया,
तो मन होई जाय कोयलिया,
मंजरी महक उठे झाँके अमिया,
उठा लो चुनरिया,
सखी, आए **साँवरिया** ! ! !

पारस

पारस-परस

तुम दीपशिखा थीं.
तुम्हारे पास से गुज़रते हुए
मैं भी कुछ क्षणों के लिए
सूरज बन जाता था,
फिर से अँधेरे में खो जाने के लिए.

तुम पावस थीं.
तुम्हें अँजुली में भरकर,
मैं भी कुछ क्षणों के लिए
सागर बन जाता था,
फिर से रेगिस्तान हो जाने के लिए.

तुम **रागिनी थीं**.
तुम्हें सुरों में गूँथकर,
मेरी आवाज़ भी
कुछ क्षणों के लिए
गा उठती थी,
फिर से चुप हो जाने के लिए.

तुम सपना थीं.
तुम्हें आँखों में सँजोकर,
मेरी पतंग भी
कुछ क्षणों के लिए
आसमान छू जाती थी,
फिर से ज़मीन पर गिरने के लिए.

तुम मेरी अपनी थीं.
तुममें खोकर मैं कुछ क्षणों के लिए
अपने आप को पा लिया करता था,
फिर से अपने आप को ढूँढ़ने के लिए.

आज यहाँ से चलते समय लगा,
क्या तुम्हें कभी सूरज, सागर, रागिनी,
सपना बनने की चाह नहीं हुई ?
कितनों को तुमने क्षणभर के लिए क्यों न हो
क्या से क्या बना दिया.
मन करता है, तुमसे कहूँ,
कभी तुम भी इस क्षणिक
परिवर्तन को अपना लो,
तुम्हारा पारस और भी
चमक उठेगा.
तुम अपना पारसपन
नहीं खोओगी.
और अगर खो दोगी
तो वह पारस कैसा ?

अनुत्तर

तुम आईं,
बोलो, क्या लाई थीं
अपने साथ ?
मेरा सारा आकाश
सुगंधित हो आया,
बस, कुछ बीते हुए
हमारे चाँदनी क्षणों को
बालों में गूँथ आई थीं,
तुमने कहा.

ये कैसी **जानलेवा ग़ज़ल**
गाई है आज तुमने ?
बहा ले गई सारे छोर
मेरी बँधी नदी के.
बस, कल रात बिताई थी
मैंने,
नदी किनारे,
बार-बार
किनारों से टकराकर
लौटती हुई हमारे सुरों की
लहरों के साथ,
तुमने कहा.
ये कैसी अनाहत शांति

बिखेर दी है तुमने आज ?
इस झंझावाती कोलाहल को
ममता से अपनी साड़ी के छोर में
लपेटकर अपने कंधे पर सरका कर
हल्के-से थपका कर.
तुमने ही तो उस दिन, याद है
मेरे बिलखते हुए
हज़ार सवालों का मौन उत्तर
दिया था,
उस पहाड़वाले मंदिर में
सिर्फ़ एक बार खनका कर
उस घंटी को.

और मैंने समेट ली थी
वो शांति अंतर के आर-पार,
तुमने कहा.
आज तुमने कुछ नहीं कहा था.
मेरे पूछने पर भी
कल से कल की बात
हज़ार सवाल.
फिर भी,
कितने मौसमों से गुज़र कर
बारिश में भीगी
खिड़की की कोर पर
बैठे हुए पंछी
मेरे सवालों के,
तुम्हारे अनुत्तर के.

तुमने एक बार,
सिर्फ़ एक बार
मेरी ओर देख कर
पलकें झुका लीं.

आज तुम जाकर भी नहीं गईं,
रह गईं अपने अनुत्तर में,
मुझे भी बाँधती-सी,
हमेशा के लिए !

चोरी

एक संदूक में भरकर
बंद कर रखे थे हमने
अपने ही
सारे मन.

चातकी आँखों से
तुम्हें घिरते बादलों-सा
आते
देखकर
नाच उठनेवाला
मोर-मन !

शब्दों को कई बार
उधार देकर भी
शर्मिली अनकही के लिए
बचाकर रखा हुआ
अनमना मन !

तुम्हारी आहट पाते ही
दरवाज़ा बनकर
तुम्हें अंतर में
समा लेने वाला
मुग्ध मन !

तुम्हारे गुस्से को
पर्दे-सा हटाकर
तुम्हारे मन में झाँक कर

अपने ही मन के
झूले पर झुला कर
मना लेनेवाला मन !

तुम्हारे
जाते समय
"जाऊँ ?" पूछने पर
"नहीं" कहना चाह कर
भी आँसुओं में
भीगा हुआ

"हाँ" कहने वाला
बरसाती मन !

अकेलेपन में भी
बहती नदिया,
चुगती चिड़िया
सूर्यास्त और
पूर्णिमा को
उतारकर यादों के
आईने में,
तुममें खो जानेवाला
मेरी बिंदिया-सा
अनुरागी मन !

तुम जाते रहे आते रहे
हम संदूक से

मन निकालते रहे
कभी यह कभी वह !

आज
तुम न आए, न गए.
बस अचानक
मन ने मनमानी की
संदूक खोलने का
मन किया.
अपने ही मनों से
मिलने का मन किया.
संदूक खोली
देखा मन ग़ायब ! ! !

बोलो,
कैसी चोरी है यह ?
जाते-जाते
सारे मन भी ले गए !
बिना बताए.

बिना समझाए
कि कैसे जिएँ
हम
यह बेमन की
ज़िंदगी ! ! !

इसलिए याद आया

तुमने पूछा इसलिए याद आया-
मेरा भी एक नाम था,
इस भटकी हुई ख़्वाहिश का
दिल था, मक़ाम था.

तुमने पूछा इसलिए याद आया-
मेरा भी एक घर था,
दूर था, छोटा था,
पर मेरा भी एक गाँव था.

तुमने पूछा इसलिए याद आया-
मेरी भी एक गली थी,
नई दुल्हन-सी गुमसुम
कभी **मतवाली** थी.

तुमने पूछा इसलिए याद आया-
मेरा भी कोई अपना था,
पगलाया पंछी था,
मेरा भी एक सपना था.

तुमने पूछा इसलिए याद आया-
वह 'अपनों' का मेला था,
उन सबसे जुड़कर भी
मैं कितना अकेला था.

तुम नन्हीं-सी

तुम नन्हीं-सी,
पाँव की बिछिया-सी,
मायके के बंधन-सी,
प्यार के चंदन-सी,
फूल में बंद, फिर भी,
चारों ओर बिखरी हुई
ख़ुशबू-सी,
तुम नन्हीं-सी.

तुम नन्हीं-सी,
पिया के परस-सी,
महसूस होने पर भी
नहीं कहती-सी,
शर्मिले जिया की
अपने में सिमटी हुई
सिहरन-सी,
गुज़र कर भी,
मन को सहलाती
सिमरन-सी,
तुम नन्हीं-सी.
तुम नन्हीं-सी,
राधा की अँजुली-सी
बाँसुरी सुनते ही
बंद आँखों के सपने को
छूकर,

बग़ैर मेहंदी के,
रँग जाती-सी
तुम नन्हीं-सी.

तुम नन्हीं-सी,
दादी की लोरी सुनकर,
सोती नहीं,
और जागती-सी,
कान्हा की अठखेलियाँ
सुनकर, छलकती,
ब्रजबाला-सी,
ब्रजबाला की
बेसुध गागर-सी !
तुम नन्हीं-सी.

तुम नन्हीं-सी,
एक भटकी हुई
चिड़िया-सी,
चहक-चहक
इस रुख़ से
उस रुख़ पर
फुदक-फुदक कर
कुछ खोया हुआ
ढूँढ़ती-सी
विंध्या के पहाड़ से
वृंदावन पूछती-सी

बरगद के पेड़ों में
कदंब को खोजती-सी
तुम नन्हीं-सी.

तुम नन्हीं-सी,
ब्रज की गली को
गूँथ कर
माथे की बिंदिया में,
डोली में बैठ
परदेसी पिया के पास
जाती-सी,
पर्दे से झाँकती-सी,
कहारों को आगे, और
मन को पीछे जाते
देख
बिंदिया सँवारती,
डगमगाई-सी,
कभी आगे, कभी पीछे
जाती-सी,
तुम नन्हीं-सी.

तुम नन्हीं-सी,
भोर भई
मंदिर की
शांति-सी,
अकेली, मौन
प्रार्थना-सी.

"कौन ?"
पुजारी पूछे
तो,
अपना नाम
बताते-बताते,
कान्हा-कान्हा
कहती-सी
कितने बड़े सच की
छोटी-सी
ग़लती-सी.
मेरी होकर भी
उनकी लगती-सी
अद्वैत की भ्रांति-सी
तुम नन्हीं-सी ! ! !

वापसी

घर लौटने का समय था,
सारा आकाश भीगा था,
आँखों की रिमझिम में,
लहरों में **बेनाम हलचल** थी,
मन की नाव घाट छोड़कर,
बस बहने को ही थी,
कि तुम्हारी याद बाढ़ बन कर आ गई,
आकाश लहरें, घर नाव, आँखें मन,
डुबो दिया सब कुछ,
रह गया कुछ नहीं !

विश्वास

न पीछे मुड़कर देखा,
न मेरी आवाज़ सुनी,
न बारिश, न डूबते सूरज की लाली,
भी रोक सकी उसे,
मन से भी जो बहुत पास था,
बहुत दूर चला गया कोई.

हम अपने ही आकाश को,
टुकड़ों के पैबंद लगा,
जी रहे,
एक **फटी-सी ज़िंदगी**.
सारे आकाश को
सागर में डुबोकर
उस पार चला गया कोई.

हम तो मान गए, चल देंगे
हम भी दूर कहीं दूर,
अँधेरे बियाबान में,
कह उठेगी
एक उसके मन की
आँधी,
बहुत दूर जा कर भी
बहुत पास आ गया कोई.

बाँसुरी - एक अनुभव

कौन उस पार बजाए बाँसुरी ?
जमुना की बाँहों में बह चली शर्वरी.

क्या उसका मीत भी निर्मोही तुम-सा है ?
क्या उसका सपना भी मुरझाया, झुलसा है ?
क्या उसकी प्रीत है मुझ-सी ही बावरी ?
कौन उस पार बजाए बाँसुरी ?
जमुना की बाँहों में बह चली शर्वरी.

यह कैसा गीत है, यह कैसी धुन ?
सावन में आया है यह कैसा फागुन ?
टूटती जा रही बँधनों की डोरी,
कौन उस पार बजाए बाँसुरी ?
जमुना की बाँहों में बह चली शर्वरी.

कान्हा है ? राधा है ? कि **बाँसुरी दुल्हन** ?
कह रही कान्हा ना तोड़ो मेरा मन ?
रोज़ गाती हूँ तुम्हारी, आज गाऊँ आस मेरी,
कौन उस पार बजाए बाँसुरी ?
जमुना की बाँहों में बह चली शर्वरी.
समझा दो कान्हा यह कैसा भरम है ?
जमुना के पानी में गा रही बाँसुरी,
मैं गाऊँ आसावरी, सुर बने बाँसुरी,
बारिश की रिमझिम, मैं सुनूँ बाँसुरी,
हवा की साँय-साँय, मैं कहूँ बाँसुरी,

आँख देखे घर, मन कहे बाँसुरी,
कान सुनें पुकार, लौट आओ बावरी,
मन सुने बाँसुरी, बाँसुरी, बाँसुरी,
कोई पूछे कौन ? मन कहे बाँसुरी.

आसमान की आहट

कई बार,
आसमान की पुकार
बारिश की बूँदों में बिखर जाती है,
उसकी आहट लेकिन
बहती रहती है
नदियों में, सदियों तक
बिल्कुल वैसे ही
जैसे तुम्हारे लड़खड़ाते, सँभलते
पैरों की
आहट गूँजती है
तुम्हारी ग़ज़लों की
गलियों में आज भी
जहाँ से तुम गुज़रे थे,
गुज़र गए थे
पी कर, पी डाल कर
ज़िंदगी के मैख़ाने
कुछ ही लम्हों में निचोड़ कर
यह भूल कर कि
असल में ज़िंदगी पिया करती है हमें,
छोड़कर हमारी आहटों की लक़ीरों के चेहरे,
जिन्हें हम ख़ुद पहचान नहीं पाते.

मेरे अज़ीज़, तुम्हारे लिए
रास्ते बस रास्ते थे, गलियाँ बस गलियाँ,
चाँद की चाँदनियों के चंद साथी
बोलो,
उन गलियों की, ग़ज़लों की ग़लती तो नहीं
कि उन्होंने आहट को आसमान, मेहमान को साजन समझ लिया ?

नई शुरुआतें !

ग़ज़लें लिखी ही थीं इसलिए कि तुम पढ़ोगे इन्हें,
आँखों से दिल में उतारोगे, गुनगुनाओगे इन्हें।
या फिर इनके पर्दे में दोहराओगे वे अनकही बातें,
शाम ढले, नदिया पर तैरती मुलाक़ातें।
दर्द-ए-दिल का मरहम, मैक़दा बना लेना इसे,
उसी में बिता देना वे बेहोश, बोझिल रातें।
तिस पर भी हम बहुत याद आएँगे गोया,
ग़ज़लों के झूलों में हमारी **नई शुरुआतें** ! !

कॉँच की बरनी और दो कप चाय

कहो कि ख़ुदा की बंदगी है ज़िंदगी।
न कहो कांच की बरनी है ज़िंदगी।।
ख़ुदा की शमा को बसा लो जो दिल में।
हर शै है नूर, **नूरानी** है ज़िंदगी।।

ये कैसा 'मूड' है आज ?

हम सिर्फ़ होते हैं, गोया न बनते हैं न बिगड़ते हैं,
ये मिट्टी के घड़े नहीं कि बनें और टूट जाएँ,
उनकी ग़ज़लें लिखी गईं, पढ़ी गईं, भुलाई गईं,
हर इंसान को ग़ज़ल बना लिया हमने,
जब तक **जीनेवाले हैं**, ग़ज़ल कैसे मिट सकती है ?

चीख़

ये कैसी चीख़ निकली है तुम्हारी पंखुड़ियों से आज।
ऐ गुल ! ! इसी तितली का तो तुम्हें कब से इंतज़ार था।।
नज़ाकत भी तीखी हुआ करती है, ये तुम्हें मालूम न था।
तुम्हें उसकी कमसिन जानलेवा हरकतों का ही **ऐतबार** था।।

सावन

तुम्हारा **रूठना** कड़ी धूप
हुआ करती थी,
कितने बहानों की बारिश छिड़क कर मना लिया था
हमने !
आज अपने आप को मनाने का समय आया तो
अपनी आँखों को सावन बना लिया
हमने !

ग़ज़लों का मौसम

बहुत भीड़ है, चारों ओर आवाज़ें, गाड़ियों के पहियों की, लोगों की।
दिल लेकिन किसी अजीब **बेज़ुबान ख़ामोशी** में खोया हुआ है।।
जहाँ सिर्फ़ ग़ज़लों का मौसम है, एहसास है, पहचान है।
परिंदों की आवाज़ नग़मा-ए-बरसात, आसमान सोया हुआ है !!!

अंतर्वंशी

आज फिर अंतर्वंशी बज उठी, राधा पर छाया यमुना तट की,
मन किया कनु बनूँ, कनु, बनोगे तुम राधा **पनघट** की ?

बारिश ! ! !

कितने बरस बीते, बीती नहीं बारिश फिर भी।
बँजारे बादल बीनते रहे अधूरी ख़्वाहिश फिर भी।।
सुना था, मौसम कई आए, गा गए तराने फिर भी।
गूँजती रही बनों में बरसात की **बंदिश** फिर भी।।

समय

कभी-कभी मन करता है,
रात के बाद रात आ जाय,
चाँद के बाद चाँद,
बरखा के बाद बरखा,
और तुम्हारे बाद तुम्हीं।
एक ऐसी शुरुआत
जिसका कोई अंत न हो
और समय दूर से देखता रहे
अपने न होने का परिणाम !

सवाल गुज़र गया है

अब सवाल गुज़र गया है जवाब के मक़ाम से।
अब न पूछ रोने की वजह दिले-नाकाम से।।
अपने ही गाँव लौटा है दीवाना **बेग़ाना** बनकर।
न घर की पहचान, न रिश्ता है अपने नाम से।।

ये कैसी ग़ज़ल है !

ये कैसी ग़ज़ल है, इसमें न फ़िराक़ का ग़म, न विसाले-यार का इंतज़ार।
न पाने की कोई ख़ुशी, न गुज़रे ज़माने की यादें, न खोने का कोई **मलाल**।।
एक परिंदा जैसे खिड़की से झाँककर देख रहा हो किसी और की ज़िंदगी।
वक़्ते-ज़िंदगी से फिसल कर लफ़्ज़ों में उतर आया हो किसी सूफ़ी का ख़याल।।

फिर से

आज फिर हवाओं में गीली ख़ुशबू बिखरी-सी है।
जाने किस दोस्त ने मुझे फिर याद किया है।।
कौन सावन भूल गया था बरसना इस गली में।
आज फिर **बेमौसम** उसने बादलों को रुलाया है।।

गंगा पार

ज़िंदगी की गंगा पार कर लें तो **भरम** मिट जाता है।
अपना घर, अपने लोग, अपना सबकुछ छूट जाता है ।।
दिल है, दिल का क्या वो हर मोड़ पे अटक जाता है।
वर्ना ये ऐसा मक़ाम है, यहाँ हर रिश्ता टूट जाता है।।

कोई शिकायत नहीं

कैसी रेत बिखरी है चारों ओर बियाबान में,
कि कोई दबे पाँव भी चले तो गूँजती है
कोई बारिश भटकती हुई आ भी जाय इस ओर,
वो भीगती नहीं, उसे भी आग में भूँजती है
हम ही ने जला दिए थे सारे **अरमानों के फूल,**
अब न बहार से कोई शिकायत सूझती है

नामों के बादल बरसेंगे

ये जाम है, शमा है,
जलाएँगे, पिलाएँगे
हम बेनामों की बस्ती में
अनजान, **बदनाम** होंगे
दीवाने हैं, दीवाने रहेंगे

दूर हैं मंज़िलें अपनी

कौन, किसके लिए क्या करता है, मेरे दोस्त।
दर्द अपना, दुआ अपनी, दवा भी अपनी।।
ये समझने-समझाने की **जानलेवा कोशिशें**।
मेरे ख़ुदा, बहुत दूर हैं मंज़िलें अपनी।।

अपनापन

जो चाहो पा लो, दुआएँ नहीं देंगे तुम्हें।
दूसरों की चाह से कोई जी नहीं सकता।।
जिसको बेहोशी का मज़ा **चखना** हो।
वो और के होंठों से पी नहीं सकता।।

बहुत दूर से

बहुत दूर से आए हो, थके हो, बस एक लम्हे की देर है,
हया को अलविदा कर लूँ, जुबान को **मेहरबान** कर लूँ

ताज्जुब

आज हमने देखा **मेग्नोलिया की डाली** पर चम्पा का फूल!
ख़ुदा की मेहरबानी कहूँ या अपनी आँखों की भूल?
वक़्त कैसे-कैसे रंग दिखाता है, बदल देता है नाम-पहचान,
अजनबी अपने बन जाते हैं और अपने भूल जाते हैं

ग़ज़लें

ग़ज़लें कोई बयाँ नहीं उसका जो गुज़रती है दिल पर,
ऐसे कई एहसास हैं जो कभी बयाँ नहीं हो सकते,
कितनी नदियाँ हैं जो सागर तक नहीं पहुँच सकतीं,
कितने सागर हैं जो बादल में नहीं बदल सकते

ग़ज़लें तो बस साँसें हैं, अपने आप चलती रहती हैं,
कुछ साए हैं नदी में बहते हुए जो हैं और नहीं भी
कुछ दीवाने इन्हें बारिश मान, भीग जाते हैं,
वर्ना ये **मौसमी परिंदे** हैं, आज हैं, कल नहीं भी

भरोसा

पत्थर के हमले से लहूलुहान हुआ, हँसकर दिल बोल उठा।
मेरे ख़ुदा ! कितना **सस्ता सौदा** किया तुमने मेरी वफ़ा का।।
माँगते तो पेश कर देते लहू क्या, जान भी अपनी।
मेरे ख़ुदा ! मेरे ईमान का भरोसा किया होता।।

अभी और

पता नहीं अभी और कितनी **आफ़तों** का सामना करना पड़ेगा,
ये कैसी कमज़ोरी ऐ दिल ! बस एक ही आह से तबाह हो गए !

अपने-बेग़ाने

न कोई नाम न कोई चेहरा ऐसी भी **पहचानें हैं,**
अपनों से भी क़रीब लगते ऐसे भी बेग़ाने हैं।

हम चल दिए कब के, कुछ निशानियाँ बाक़ी हैं,
जो अधूरी रह गईं, कुछ कहानियाँ बाकी हैं।
अब दिल लगता नहीं इस बियाबाँ में, मेरे दोस्त,
जो जीने का बहाना बनीं, वो ग़लतियाँ बाकी हैं।

बेगुनाह

बेरहम ज़माने के ज़ुल्म कभी कम न होंगे।
दीवाने कहलाएँगे पर बदनाम हम न होंगे।।
मासूम ख़्वाहिशों के परिंदे मँडराएँगे तुम्हारे आँगन में।
उन्हें सहलाना, पालना प्यार से कि कल हम न होंगे।।

मरासिम

वाइज़ की महफ़िल में बेहोशी का चर्चा, बंदों से दूर रहकर बंदगी का चर्चा ?
पीकर होश सँभाले ऐसे भी दीवाने हैं, मस्जिद से बढ़कर **मरासिम-ए-मैख़ाने** हैं

आसमान

आसमान छूने लगे दरिया तो किनारे रोक देते हैं,
आसमान में उठे तूफ़ान को किनारों का ख़ौफ़ नहीं होता।

जुर्मों पर ख़ुदा की मेहर, सितमगर को ख़ुदा मान लो,
फिर किसी की बेरहमी का **ख़ौफ़** नहीं होता।

न कहो

न कहो, एक सितारे के टूटने से क्या होता है,
कि हर सितारा आसमाँ की धड़कन होता है।
जिसने रोशन किए थे हज़ारों **अँधेरों के अरमाँ,**
उनके उजालों की बेज़ुबाँ पहचान होता है।

नामुमकिन

कल किसी ने तुम्हारी वफ़ा की बात छेड़ी,
मैंने कहा **बेवफ़ाई** का नाम बदला होगा।

शबाब

कैसे महसूस करें इस शबाब को जिसे छूकर आँखें छलक आएँ ?
ऐ ख़ुदा ! हमें वहाँ ले चल या तो आँखों की रोशनी को सुला दे।

ये फूल, ये इंसाँ, किसी कारीगर के तराशे हुए ये बुत,
कुछ ऐसा तिलिस्म बिछा दे जो इस दूरी को **भुला दे**।

तक़रार

जुदा न कर ऐ बेरहम तूफ़ान,
कश्तियों ने कहा तूफ़ान से
मत भूलो, **तूफ़ान** ने कहा,
मैंने ही तुम्हें मिलाया था.

उन पागल पेड़ों को

हमने तो कुछ भी नहीं कहा था बस, यूँ ही गुज़र गए थे तुमसे हवा की तरह,
इतने लाल हो गए हो कि सारा आकाश, पंछी भी सिंदूरी हो गए तुम्हारी तरह
यही सोचते रहे, **आँसुओं से** मन की लाली को पोंछते हुए,
अगर हम तुम्हें कुछ बताते तो बोलो, तुम्हारा रंग क्या होता ?